Armin Walcher

Zeit—los in Begegnung.
Im Wald.

BENEVNTO

VORWORT

Ich habe schon sehr früh in meinem Leben gelernt, dass es Momente für den Berg gibt und dass es Momente für den Wald gibt.

Bergmomente, so wurde mir das beigebracht, sind Momente, die die Weite brauchen, den Horizont, die dünne Luft und den schweren Atem. Auf dem Berg hebt man die Augen, holt sich Visionen und große Ideen, von je weiter oben, desto besser. Der Berg braucht seit jeher mutige Entschlüsse, solche, die eines offenen, unverstellten Blicks bedürfen. Dass einem dabei der kalte Wind um die Ohren pfeift, schadet bloß in den seltensten Fällen.

Waldmomente, das sind jene Momente, die ins Innere führen, an das Wesen der Dinge. Der Wald ist ein Ort der Besinnung und der Klarheit. Wenn man sich mit seinem innersten Selbst beschäftigen möchte, wenn mehr Fragen als Antworten durch den Kopf geistern, geht man am besten in den Wald. Hier verdichten sich zuvor erdachte Visionen zu Überzeugungen, im Wald werden aus vagen Ideen klare Entschlüsse, und nicht zuletzt holt man sich in dieser mystischen Umgebung auch gleich die Kraft, die es benötigt, um diese Entschlüsse in Taten umzusetzen.

Einige meiner frühesten, schönsten und prägendsten Kindheitserinnerungen sind Naturerlebnisse, und die meisten haben mit Bergen oder mit Wäldern zu tun. Ich habe vieles über mich selbst in den Bergen gelernt, und ich glaube auch, dass Berge die Orte sind, an denen wir Menschen am besten wachsen.

Aber meine Wurzeln sind die steirischen Wälder.

Bis heute gehe ich in den Wald, um innezuhalten. Es gibt keinen besseren Ort, um sich zu sortieren, als die Ruhe und Geborgenheit eines Waldes, als diese tiefe, geheimnisvolle Welt der Geräusche und Gerüche. Wenn Gedanken und Gefühle einer ordentlichen Sortierung bedürfen, muss es für mich selbstredend ein steirischer Wald sein, aber ich vermute, ich bin in der Hinsicht befangen.

Mein steirischer Freund, der Fotograf Armin Walcher, ist für dieses Buch tief in die Wälder unserer Heimat abgetaucht und hat nicht nur Bilder mitgebracht, sondern echte Waldmomente. Seine Arbeit spiegelt all das wider, was ich an der Steiermark so liebe. Ihre mystischen und teils lieblichen Szenerien, ihre raue Ehrlichkeit und nicht zuletzt das altbekannte und vertraute Bild der Heimat.

Ich wünsche Ihnen damit viel Freude.

MARK MATESCHITZ

ICH GING IN DIE WÄLDER,

ICH GING IN DIE WÄLDER,

WEIL ICH BEWUSST LEBEN WOLLTE

schrieb der US-amerikanische Schriftsteller und Philosoph Henry David Thoreau, als er Mitte des 19. Jahrhunderts für mehrere Jahre im Wald verschwand. Von diesem „Bewusst leben" hört man auch heute viel, meistens geht es dabei um Lifestyle-Produkte oder teure Retreats, die einem dabei helfen sollen, wieder mehr zur Ruhe und zu sich selbst zu finden. Das hat natürlich wenig mit dem zu tun, was Thoreau meinte. Ich glaube, dass er etwas verstanden hat, was viele von uns nie gewusst oder schon wieder vergessen haben. Dass das bewusste Leben nämlich nichts ist, das man kaufen kann oder gar muss. Es ist auch keine Esoterik. Es ist eine Art, in Harmonie mit dem zu leben, was uns umgibt, davon zu lernen, es zu schätzen, zu bewahren und weiterzugeben. Und an keinem anderen Ort wird all das deutlicher als im Wald.

Fast zwei Drittel der Fläche der Steiermark sind von Wäldern bedeckt, man ist nirgendwo in diesem Land wirklich weit entfernt von einem Wald. Wir alle leben also mehr oder weniger in seiner unmittelbaren Nähe und haben damit einen unvergleichlichen Schatz direkt vor unseren Türen, der auf viele Arten unersetzbar und wertvoll ist. Betritt man einen Wald, taucht man schon nach ein paar Schritten in eine Welt ein, die so wandelbar und vielfältig ist, dass dort jeder findet, was er gerade braucht: Inspiration, Ruhe, Nähe zur Natur, neue Blickwinkel, Gelassenheit oder Zeit für die Betrachtung der Dinge, die wirklich wichtig sind. Für mich ist der Wald aber noch mehr als das – er ist wie ein Zuhause. Damit meine ich nicht das, was man unter „Zuhause" vielleicht im ersten Moment versteht: eine Verbindung aus Räumen, in denen man wohnt, seine Besitztümer aufbewahrt, schläft, isst, sich aufhält, arbeitet. Ich meine das, was sich wie Zuhause anfühlt: ein Platz, an dem man sich sicher fühlt, wo der Kopf ruhig wird, das Herz langsamer schlägt und die Welt unversehrter ist als anderswo. Die Räume in einem Wald sind so viel größer als die in einem Haus, aber in ihnen liegt dieselbe Sicherheit und Geborgenheit. Wenn ich in den Wald gehe, fühle ich mich zu Hause. Es ist ein Ort, an dem man genau so sein kann, wie man sein möchte. Es zählt dort nicht, wer man ist oder wo man herkommt. Der Wald ist eine eigene Welt, in der jedes Gefühl und jeder Gedanke Platz hat. Es gibt dort endlosen Raum für Träume und Besinnung, für das Weit-weg-Denken und Bei-sich-Sein, für das Zurückgehen und das Weiterkommen. Er kann alles auf einmal sein, weil es nichts gibt, das ablenkt oder stört: Rückzugs- und Sehnsuchtsort, Kraftplatz, Raum für Reflexion und Fantasie. Der alltägliche Wahnsinn rückt in weite Ferne, wenn wir in den Wald gehen, und gleichzeitig kann er uns so viel darüber beibringen, was eigentlich zählt. Und was wichtig ist für ein gutes, ein bewusstes Leben: Behutsamkeit, ein achtsamer Umgang mit der Umgebung, Wertschätzung, Hausverstand, die Fähigkeit, sich selbst zu helfen zu wissen, die Bereitschaft, mit offenen Augen durchs Leben zu gehen.

Und schließlich ist der Wald auch ein Ort der Schönheit, mit all seinen Farben, Formen und Strukturen, mit seinen Schatten, Schattierungen und den vielen unterschiedlichen Blickwinkeln. Er ist voller Kleinigkeiten, die man ewig betrachten und über die man lange staunen kann. Jeder sieht in einem Stück Wald etwas anderes, nimmt andere Dinge wahr, und für jeden bedeutet er etwas anderes. So wie das Gefühl von Zuhausesein.

ARMIN WALCHER

[ˈʁʏkˌtsuːk]

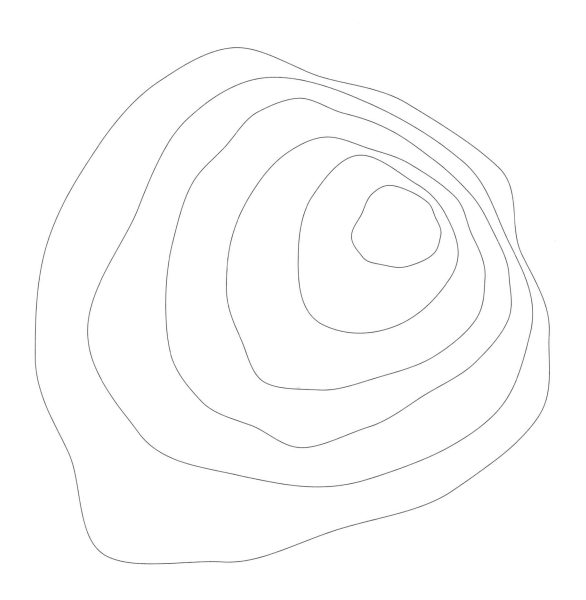

Nur ein paar Meter, und die Geräusche sind verschwunden. Kein Motorenlärm, kein Lastwagenbrummen, kein Sirenengeheul. Kein Stadtrauschen. Kein Klingeln, Fiepen oder Surren technischer Geräte. Kein Raunen, kein Stimmengewirr. Kein blinkendes Licht, keine Werbeplakate, keine LED-Bildschirme. Kein Zivilisationsgeräusch, keine Reizüberflutung. An zehn Bäumen vorbei, vielleicht zwanzig, über Moos und durch Gestrüpp, und die Welt ist eine andere. Das normale Leben und das, was sich als wichtig darstellt, ohne es zu sein, ist anderswo. Niemand muss Businesspläne besprechen, SWOT-Analysen durchführen oder die Quartalsbilanz vorlegen.

Es müssen keine Deadlines eingehalten werden. Keiner braucht dringend einen Rückruf, ein Briefing, ein Meeting, ein Update. Der Wasserhahn kann weiter tropfen, das Auto ungewaschen und der Kühlschrank leer bleiben. Termine müssen weder vereinbart noch eingehalten werden. Verpflichtungen warten ausnahmsweise so lange, wie es eben dauert. Fragen dürfen unbeantwortet und Probleme ungelöst sein. Kein Satz beginnt mit „Ich muss noch" und keiner mit „Ich sollte wirklich". Der Rest der Welt ist noch da, bewegt sich und hetzt weiter. Aber für einen Moment ist man kein Teil mehr davon.

RÜCKZUG, DER SUBST. MASK. · PLURAL RÜCKZÜGE
DAS SICHZURÜCKZIEHEN, ZURÜCKWEICHEN

[bəˈgeːgnʊŋ]

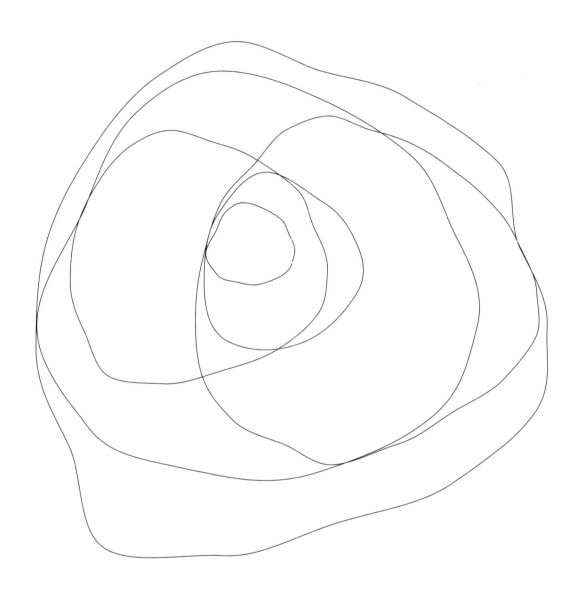

Vögel, manchmal ein Reh, Hirsch oder Hase, wenn man schnell genug, Insekten, Würmer und Spinnen, wenn man genau genug schauen kann. Nur einem einzigen Lebewesen begegnet man im Wald ganz bestimmt, und zwar ausnahmslos immer: sich selbst. Vielleicht ist das derselbe Mensch wie außerhalb, vielleicht wird so ganz ohne Filter und Ablenkungen aber auch jemand anderes daraus. Vielleicht öffnen sich mit den Scheuklappen auch die Augen etwas weiter, wenn man statt nach vorn und hinten auch nach innen schaut. Vielleicht kommt dann jemand zum Vorschein, den man lange nicht gesehen hat, weil man nicht die Zeit und Geduld hatte, sich mit ihm zu beschäftigen. Der neu ist, unbekannt, überraschend. Vielleicht erkennt man in ihm Schönes, Beruhigendes, vielleicht aber auch Erschreckendes, Dunkles oder Trauriges. Es ist die Person, die man ohne die Wahrnehmung der anderen ist. Die übrig bleibt, wenn die Inszenierung von niemandem gesehen wird. Es lohnt sich, diesen Menschen in Ruhe kennenzulernen. Herauszufinden, wer er eigentlich ist, was ihn beschäftigt, was ihm wichtig ist, wovor er sich fürchtet, womit er kämpft, woran er scheitert. Was ihn glücklich macht.

BEGEGNUNG, DIE SUBST. FEM. · PLURAL BEGEGNUNGEN
DAS SICHBEGEGNEN, ZUSAMMENTREFFEN VON
PERSONEN ODER ANDEREN OBJEKTEN

[f a n t a ˈ z i ː]

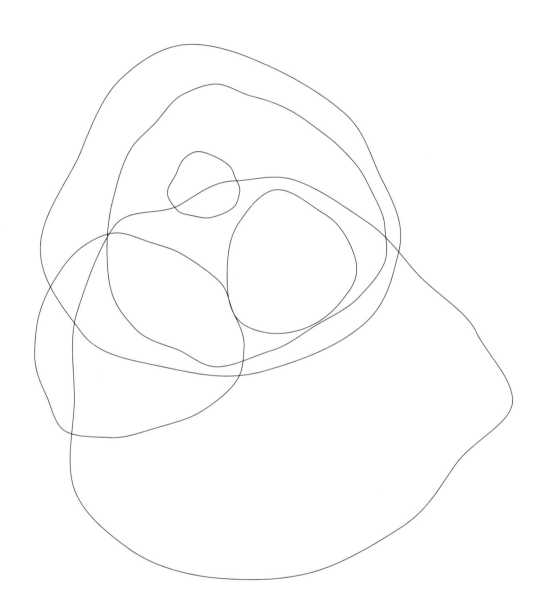

Wie weit reichen die Wurzeln nach unten? Wie lang steht dieser Baum schon da? Was befindet sich in der obersten Spitze der Krone? Welche Tiere verstecken sich gerade im Umkreis von ein paar Metern? Woher kommt dieses Geräusch, was knackt dort im Unterholz? Wie hat das alles hier vor hundert Jahren ausgesehen, vor tausend, vor zehntausend? Was gibt es im Dickicht noch, und kennen wir wirklich alle Wesen, die hier Zuhause sind? Je weiter die Alltagswelt weg ist, desto mehr Platz hat die Fantasie. Sie gibt hier die Antworten, sie bestimmt, wohin sich die Gedanken wenden.

Sie darf sich in der Welt der Geschichten und Vorstellungen austoben, denn dort ist der Kopf genauso frei und weit wie der Wald selbst. Baumgeister, Feen, Trolle, Hexen und Zauberer, Elfen – sie alle mögen nicht existieren, und doch scheint es plötzlich gar nicht mehr so unwahrscheinlich, dass in den Mythen doch irgendwie ein Stück Wahrheit steckt. Wenn sich der Nebel zwischen die Bäume legt oder die Dämmerung alles in dumpfes Dunkelgrün taucht, dann könnte sich dahinter doch auch etwas verbergen, wovon wir Menschen noch nichts wissen.

FANTASIE, DIE SUBST. FEM. · PLURAL FANTASIEN
FÄHIGKEIT, GEDÄCHTNISINHALTE ZU NEUEN VORSTELLUNGEN
ZU VERKNÜPFEN, SICH ETWAS IN GEDANKEN AUSZUMALEN

[ʁeflɛˈksi̯oːn]

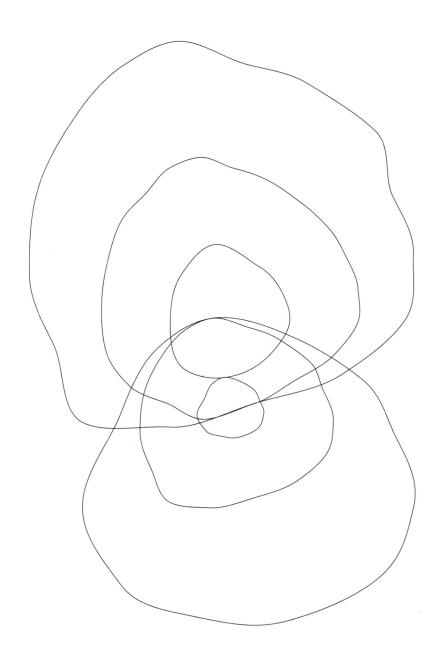

Die Welt ist kompliziert, und es gibt so viele gute Gründe, sich Gedanken und Sorgen zu machen. Meistens gibt es aber mindestens ebenso viele gute Gründe, zufrieden zu sein. Im alltäglichen Trubel fehlt oft die Zeit, sich mit beidem zu beschäftigen. Dann türmen sich die Gedanken übereinander und es gibt keine Gelegenheit, diesen Turm Stück für Stück wieder in seine Einzelteile zu zerlegen. Sich auseinanderzusetzen mit allem Wichtigen und Unwichtigen, die Dinge zu hinterfragen, und die Bausteine am Ende einzuordnen und zu verräumen. Vom Zurückdenken zu lernen, Erlebtes aufzuarbeiten, Gehörtes zu verstehen und loszulassen, was man nicht ändern kann.

Fast immer ergibt sich im Nach- und Vordenken ein anderes Bild und werden die Dinge klarer. Das *bigger picture* macht schließlich erst dann Sinn, wenn man einen Schritt zurückgeht, das Blickfeld erweitert und sich so wirklich alle Seiten ansehen kann. In ihm liegt dann manchmal auch die Lösung für all die Unsicherheiten, die großen und kleinen Probleme, die eben noch unlösbar schienen. Dann zeigt sich, dass die Sorgen zu groß waren, und dass man in allem Streben nach dem Besseren die Relationen übersehen hat. Und oft stellt sich dabei heraus, dass die Zufriedenheit unverhältnismäßig klein geblieben ist und viel mehr Platz haben sollte.

REFLEXION, DIE SUBST. FEM. · PLURAL REFLEXIONEN
DAS NACHDENKEN; ÜBERLEGUNG; PRÜFENDE BETRACHTUNG

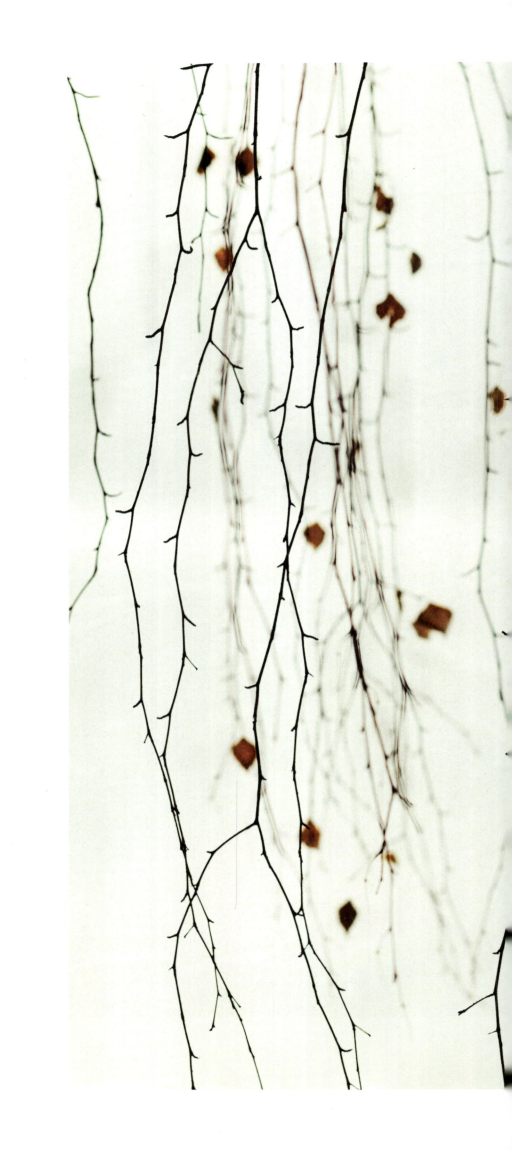

[ˈzeːnˌzʊxt]

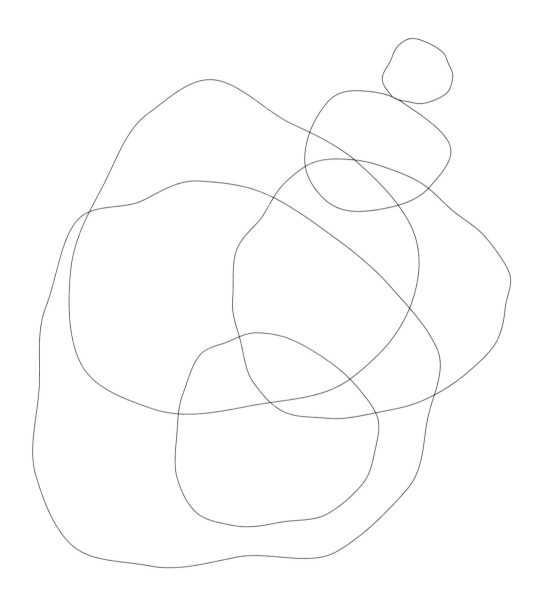

[ˈzeːnˌzʊxt]

Die anderen Leben, die man führen könnte, sind immer nur eine einzige Entscheidung weit weg. Ob wir uns nach links wenden oder nach rechts oder geradeaus gehen, jeder einzelne Moment könnte alles ändern und uns an einen völlig anderen Ort bringen. Es sind Gedankenspiele und Träumereien, die sich dann öffnen. Dabei zählen nicht die Wahrscheinlichkeiten oder wie plausibel ein anderes Ende der Geschichte ist. Es geht darum, den Kopf auf große Fahrt zu schicken und festzustellen, wo der Unterschied liegt zwischen Träumen und Sehnsüchten. Und sich dann zu entscheiden, ob man ihnen folgt.

Wer man wohl geworden wäre, wenn man sich anders entschieden hätte. Wohin der Weg vielleicht geführt hätte, wenn man an einer anderen Kreuzung abgebogen wäre. Es ist das allergrößte Glück und der Inbegriff der Freiheit, dass man sich diese Fragen überhaupt stellen kann. Dass man sich überlegen kann, ob man hier bleiben oder lieber fortgehen möchte. Dass die Wünsche im Kopf nie zu groß oder zu fantastisch sind. Und dass man selbst bestimmen kann, ob man sich nur einen kurzen Film über die anderen Möglichkeiten ansieht. Oder ob damit ein ganz neues Leben beginnt.

SEHNSUCHT, DIE SUBST. FEM. · PLURAL SEHNSÜCHTE
INNIGES VERLANGEN NACH JEMANDEM, ETWAS ENTBEHRTEM, FERNEM

[kʀaft]

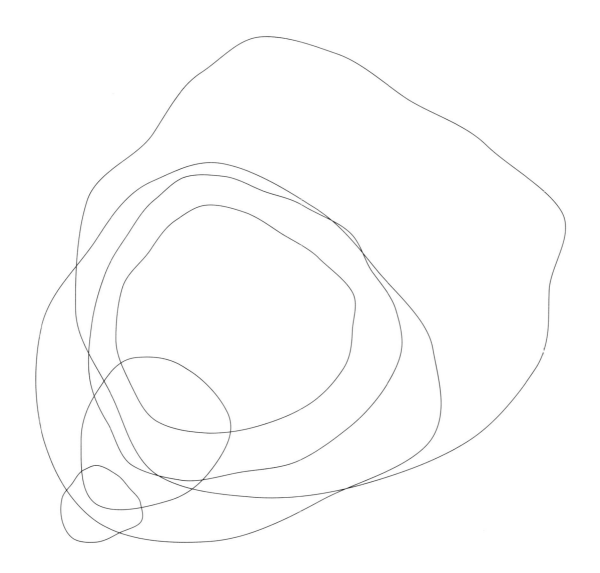

Wenn von Resilienz die Rede ist, könnte man sich einen Baum als Vorbild nehmen. Der hält sich unbeirrt und mit aller Kraft an seinem Platz fest, kämpft dort gegen Dürren, Überschwemmungen, Schädlinge und alle Herausforderungen, die die Natur noch so bereithält. Er ist aber auch ein Musterbeispiel für erfolgreiches Netzwerken: Seine Wurzeln verbindet er unter der Erde über Pilzfäden mit den anderen Bäumen in seiner Umgebung und versorgt die Mikroorganismen im Boden mit Nährstoffen. Und er ist großzügig: Den Menschen spendet er Luft zum Atmen, Schatten, Schutz vor Regen, manchmal auch eine bequeme Rückenlehne.

Er kann ihnen Spielplatz, Ruheort und Wegmarke sein. Geduld, Beständigkeit, die Fähigkeit, sich Gegebenheiten anzupassen, Veränderungen zu akzeptieren – es gibt eine Menge Dinge, die Menschen sich von Bäumen abschauen können. Was man mitnimmt aus der Natur, hängt davon ab, wie genau man hinsieht. Für manche ist es nur saubere Luft und ein bisschen innere Ruhe, für andere sind es frische Ideen oder ein neuer Umgang mit dem, was man schon kennt. Manche lernen mehr zu schätzen, was gut ist, und abzuschütteln, was es nicht ist. Und wieder andere schöpfen hier Kraft für alles das, was außerhalb der Wälder liegt.

KRAFT, DIE SUBST. FEM. · PLURAL KRÄFTE
KÖRPERLICHE ODER GEISTIGE STÄRKE

ZEIT SPIELT IM WALD KEINE ROLLE,

ER IST HEUTE DA, MORGEN, ÜBERMORGEN.

UND WO DIE NATUR UNBERÜHRT IST,

KANN MAN IHR AM BESTEN NÄHERKOMMEN.

ZEITLOS, IN BEGEGNUNG.

KATALOG

NEUN & 60	SIEBZIG	EIN & 70	ZWEI & 70
DREI & 70	VIER & 70	FÜNF & 70	SECHS & 70
SIEBEN & 70	ACHT & 70	NEUN & 70	ACHTZIG
EIN & 80	ZWEI & 80	DREI & 80	VIER & 80
FÜNF & 80	SECHS & 80	SIEBEN & 80	ACHT & 80
NEUN & 80	NEUNZIG	EIN & 90	ZWEI & 90

SÄMTLICHE ANGABEN IN DIESEM WERK ERFOLGEN TROTZ
SORGFÄLTIGER BEARBEITUNG OHNE GEWÄHR. EINE HAFTUNG DER AUTOREN
BZW. HERAUSGEBER UND DES VERLAGES IST AUSGESCHLOSSEN.

1. AUFLAGE
© 2023 BENEVENTO VERLAG BEI BENEVENTO PUBLISHING SALZBURG – WIEN,
EINE MARKE DER RED BULL MEDIA HOUSE GMBH, WALS BEI SALZBURG

ALLE RECHTE VORBEHALTEN, INSBESONDERE DAS DES ÖFFENTLICHEN VORTRAGS,
DER ÜBERTRAGUNG DURCH RUNDFUNK UND FERNSEHEN SOWIE DER ÜBERSETZUNG,
AUCH EINZELNER TEILE. KEIN TEIL DES WERKES DARF IN IRGENDEINER FORM (DURCH FOTOGRAFIE,
MIKROFILM ODER ANDERE VERFAHREN) OHNE SCHRIFTLICHE GENEHMIGUNG
DES VERLAGES REPRODUZIERT ODER UNTER VERWENDUNG ELEKTRONISCHER SYSTEME
VERARBEITET, VERVIELFÄLTIGT ODER VERBREITET WERDEN.

GESETZT AUS DER APERCU PRO UND DER NOTO SANS

MEDIENINHABER, VERLEGER UND HERAUSGEBER RED BULL MEDIA HOUSE GMBH
OBERST-LEPPERDINGER-STRASSE 11–15, 5071 WALS BEI SALZBURG, ÖSTERREICH

GESTALTUNG WIR SIND ARTISTEN   FOTOS ARMIN WALCHER   TEXT CAROLINE METZGER

PRINTED IN THE CZECH REPUBLIC BY FINIDR
ISBN 978-3-7109-0172-0